FRANZ HOHLER

Am liebsten aß der Hamster Hugo Spaghetti mit Tomatensugo

TIERGEDICHTE

Mit Illustrationen
von Kathrin Schärer

Carl Hanser Verlag

Zwei Krähen hatten ständig Streit.
Die erste wollte nach Kuweit
Die zweite rief: »Zu weit! Zu weit!
Komm lieber nach Amerika!«

Die erste rief: »Zu nah! Zu nah!«
So lagen sie sich in den Haaren
Und blieben einfach, wo sie waren.

Ein Südtiroler Lämmergeier
Der brütete die falschen Eier

Und als die erste Schale krachte
Da kam es anders, als er dachte:

Aus den Eiern schlüpften Affen!
Das macht dem Geier schwer zu schaffen.

Ein Elefant im Zoo von Brüssel
Hat einen furchtbar langen Rüssel.

Er holt in Rom Kastanien
Und Nüsse in Albanien.

Ein Vogel namens Fisch
Der fühlte sich nicht frisch.

In plötzlichem Entschluss
Sprang er in einen Fluss

Und schwamm vergnügt davon.
»Ich wusst' es immer schon!«

Rief er, »mit meinem Namen
Ist was Besondres! Amen.«

»Ich bin so groß, ich bin so schwer –
Ach, wenn ich doch ein Vogel wär!«

So rief das Nashorn einmal aus
Und blieb dann wie bisher zu Haus.

Eine schwächliche Tarantel
Trainierte täglich mit der Hantel.

Sie wurde stark und immer stärker.
Jetzt wütet sie wie ein Berserker.

(Was sind Berserker ganz genau?
Da frag ich morgen meine Frau.)

Ein Vogel namens Heim
Der kroch auf einen Leim.

Dort blieb er elend kleben
Und krächzte um sein Leben.

Da kam der Vogel Knapp
Und löst' ihn wieder ab.

Ein Vogel namens Zech
Der hatte großes Pech.

Er pickte in ein Kabel
Da brannte ihm der Schnabel.

Ein Vogel namens Klaus
Traf eine Fledermaus.

Ihr Flug hat ihn erstaunt.
Er hat ihr zugeraunt:

»Wir Vögel brauchen Federn
Und du brauchst nur zu fledern.«

Ich kenne einen Schäfer
Der hütet Siebenschläfer.

Er ist stets ausgeruht
Und sagt, das gehe gut:

»Die Tiere sind sehr nett
Sie sind fast nur im Bett.«

Eine ziemlich junge Fliege
Verliebte sich in eine Ziege.

»Daraus wird nichts«, sagt ihr die Tante
Die das Leben besser kannte.

»Macht nichts, mir ist, ich weiß nicht, wie –
Ich denke einfach gern an sie.«

Ein weißes Hermelin
Das wollte nach Berlin.

Ein Wiesel riet ihm ab:
»Dort ist der Wohnraum knapp.

Du bohrst ein Loch, und – ah!
Ist schon die U-Bahn da.«

Am liebsten aß der Hamster Hugo
Spaghetti mit Tomatensugo.

Spinat versuchte er zu meiden
Erbsen konnte er nicht leiden

Aber ganz und gar nicht wohl
War es ihm beim Blumenkohl.

Eine etwas eitle Ratte
Betupft sich jeden Tag mit Watte.

Dann schaut sie lächelnd in den Spiegel
Und gleicht doch eher einem Igel.

Dem Vogel Niklaus Striebel
Erging es ziemlich übel.

In seinem eignen Nest
Gab es ein großes Fest

Mit lauter Kameraden.
Er war nicht eingeladen.

Ich kannte eine Gämse
Die hatte keine Bremse.

Sie lief am Morgen los
Durchquerte rasch Davos

Und kam der Abendstern
Da war sie schon in Bern.

Ein Vogel namens Bronnen
Der wog zweihundert Tonnen.

Er war in Stein gehauen
Und prächtig anzuschauen.

Stets, wenn die Schwalben zogen
Wär er gern mitgeflogen

Doch das ging leider nicht.
Na klar, bei dem Gewicht!

Ein Vogel namens Peter
Kam immer etwas später.

War abgemacht, um elf
Da kam er erst um zwölf.

War abgemacht, um zwei
Erschien er erst um drei.

War abgemacht, um vier
Da war er noch nicht hier.

Am schlimmsten war's um neun
Da ließ er's einfach sein.

Ein großer grauer Wolf
Der spielte gerne Golf.

Das tat er noch und noch
Und traf doch nie ein Loch.

Er sagte: »Mir egal –
Spaß macht es allemal.«

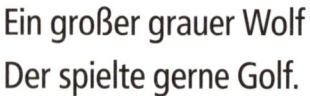

Ein dickes altes Murmeltier
Fand einmal eine Dose Bier.

Es ging sogleich zu sich nach Haus
Und trank die ganze Dose aus.

Dann schlief es ein mit tiefem Schnauf
Und wachte erst im Frühling auf.

Ein Steinbock aus Graubünden
Der wollte gern verschwinden

Denn bald begann die Jagd.
Da hat er sich gesagt:

»Am allerliebsten führ ich
Im nächsten Zug nach Zürich.«

Doch war der Zug schon weg.
Jetzt hatte er den Dreck.

Ein Vogel namens Otto
Gewann einmal im Lotto

11 000 Euro 20
Und flog damit nach Danzig.

Dort gab er alles aus
Und flatterte nach Haus.

Ein Vogel namens Glur
Der hatte eine Uhr

Die viel zu langsam schlug.
So hatt' er Zeit genug.

Ein kleiner frecher Bahnhofsspatz
Der hatte seinen festen Platz

Auf einer großen Abfahrtstafel
Fraß Pizza, Sandwich und Falafel

Und kannte Züge, Zeiten, Gleise …
Doch einmal traf er eine Meise

Die war so hübsch und war noch ledig
Da fuhren beide nach Venedig.

Ein Reh geriet in ein Gewitter
Und meldete sofort auf Twitter:

»Ich steh im Wald in tiefster Nacht
Und höre, wie es ringsum kracht!

Soeben ging mein Kind verloren:
Getupfter Rücken, lange Ohren.

Ich hoffe auf den nächsten Blitz
Dann finde ich vielleicht mein Kitz.«

Ich kannte einen Otter
Der liebte »Harry Potter«.

Er las den ganzen Tag
Wenn er im Wasser lag.

Statt einen Fisch zu jagen
Las er mit leerem Magen.

Er hungerte – und wie!
Drum starb er viel zu früh.

Was war sein letzter Wille?
Schenkt mir doch eine Brille!

Ein Vogel namens Fluri
Der lebt im Kanton Uri.

Dann zog er nach St. Gallen
Dort hat's ihm auch gefallen.

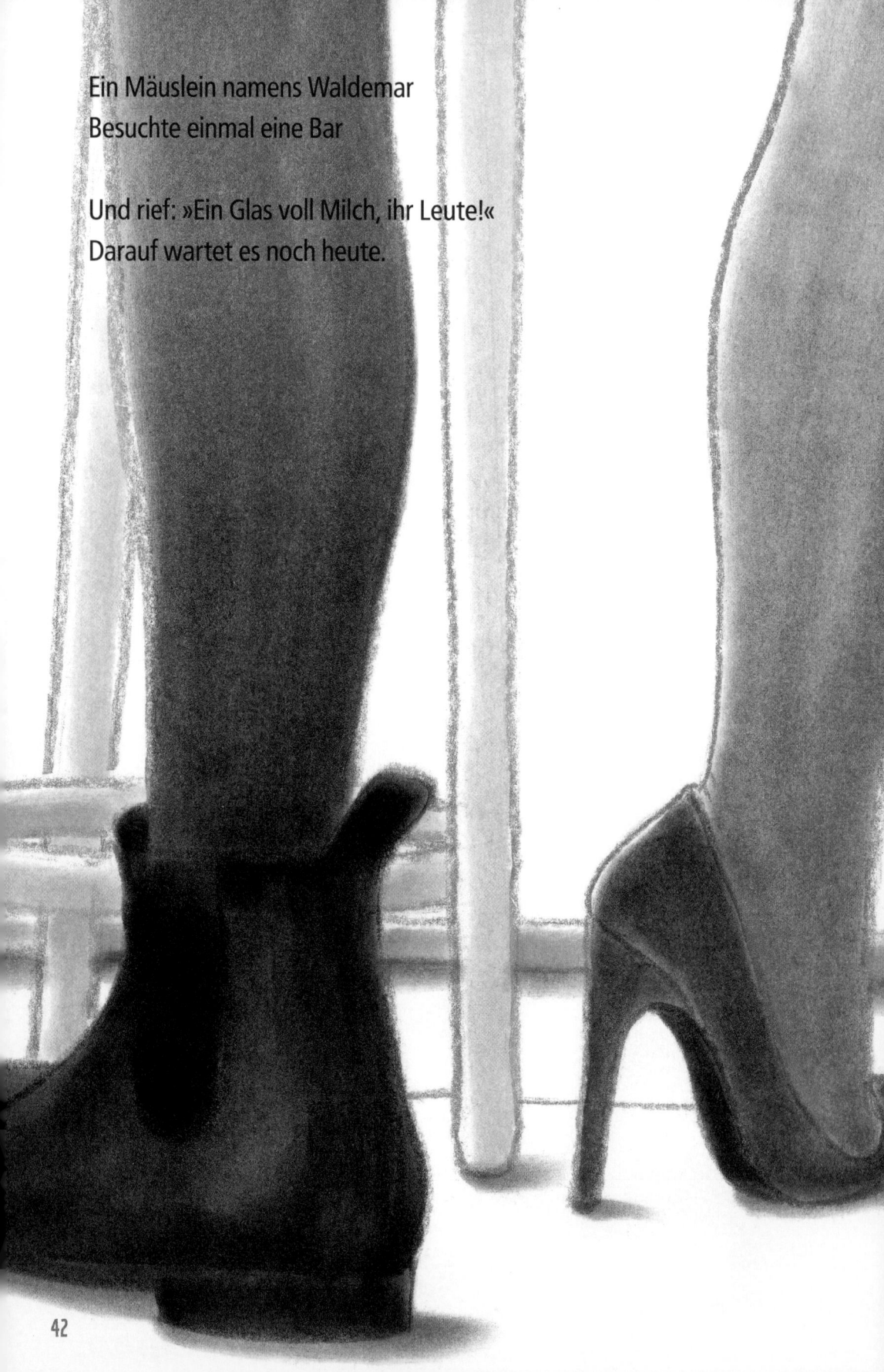

Ein Mäuslein namens Waldemar
Besuchte einmal eine Bar

Und rief: »Ein Glas voll Milch, ihr Leute!«
Darauf wartet es noch heute.

Achtung! Dieser Berggorilla
Hütet eine alte Villa.

Die ist schon lange unbewohnt.
(Ob sich da das Hüten lohnt?)

Ein Wombat aus Australien
Der wollte nach Italien.

Doch flog er aus Versehn
Stattdessen nach Athen.

Er sagte sich: »I wo!
Ich bleibe hier im Zoo.«

Dann schrieb er seinem Opa:
»Wie schön ist's in Europa!«

In Olten gab es einen Biber
Der hatte Häuser immer lieber.

Doch fehlte ihm zu seinem Glück
So etwas wie ein Meisterstück.

Da nagte er den Kirchturm an
Und rannte auf die Eisenbahn.

Ein Rabe hatte einen Traum:
Er hockte statt auf einem Baum

Auf dem Mast von einem Schiff
Und fuhr hinaus aufs weite Meer.

Er wachte auf, und er begriff:
Es war ein Traum, nicht mehr.

Eine kleine Berner Mücke
Saß allein auf einer Brücke.

Tief unter ihr, da floss die Aare
Der Mücke sträubten sich die Haare

Sie hockte da schon seit halb drei.
War leider gar nicht schwindelfrei.

Ein lahmer alter Straßenköter
Hielt sich für einen Drachentöter.

Er stellte sich den Drachen vor
Und biss ihm gleich ins linke Ohr.

Dann kratzte er sich todesmutig
An seinem Bauch die Pfoten blutig.

Es folgte noch ein Magenschlag –
Das reichte ihm für einen Tag.

Eine dumme kleine Taube
Verschluckte einmal eine Schraube.

»War's gut?«, so fragte sie die Mutter.
»Nicht schlecht, es fehlte bloß die Butter.«

Ein Löwe aus Kleinandelfingen
Begann einmal ganz laut zu singen.

Das ganze Dorf erschrak zu Tode
Über diese neue Mode.

Der Löwe hob die rechte Tatze
Und rief: »Ich bin hier fehl am Platze!«

Er zog sogleich nach Maribor.
Dort singt er jetzt im Männerchor.

Stell dir vor
Es gibt ein Ohr
Fast so groß
Wie ein Floß

Es schwimmt im Meer
Und schaukelt sehr
Hört Kometen
Wie Trompeten

Hört die Sterne
In der Ferne
Hört den Mond
Am Himmel laufen
Hört des Nachts
Das Weltall schnaufen.

Wenn du in die Berge gehst
Und zwischen lauter Felsen stehst

Denk dran, dass sie vor langen Jahren
Nichts anderes als Klippen waren

Die aus dem Meere sich erhoben
Und langsam sich nach oben schoben.

Du brauchst die Augen nur zu schließen
Dann siehst du Wasserpflanzen sprießen.

Die Alpenrosen sind Korallen
Die Edelweiße kleine Quallen

Die vielen Steine lauter Muscheln
An die sich junge Krabben kuscheln

Der Kuhdreck unter deinen Füßen
Das ist ein Seestern und lässt grüßen

Aus ferner Zeit, riecht salzig frisch.
Die Kröte ist ein Kofferfisch

Die Viper kommt als Aal gekrochen
Der Adler ist ein Zitterrochen.

Delfine huschen durch die Heiden
Seelöwen liegen auf den Weiden

Die Murmeltiere sind Muränen
Das Walross mampft mit langen Zähnen

Das Gras, in dem sich Robben balgen
– was, Gras? Es sind natürlich Algen.

Wie wunderlich, wie sonderbar!
Doch aufgepasst, es droht Gefahr:

Kaum wanderst du durch Wind und Regen
Da schwimmt ein Blauwal dir entgegen

Und willst du deines Weges ziehen
Musst du vor einem Haifisch fliehen

Der lauert hinterm Felsenriff.
Zum Glück liegt ein gesunk'nes Schiff

Am Meeresboden – schnell hinein!
Gefressen werden? Niemals, nein!

Jetzt mach die Augen wieder auf:
Ein Gasthaus ist's! Ein tiefer Schnauf

Und eine Schorle schnell bestellt
Du bist zurück in deiner Welt –

Nur etwas passt nicht ganz dazu:
Die Wirtin ist ein Känguru …

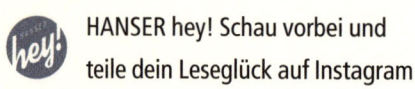 HANSER hey! Schau vorbei und
teile dein Leseglück auf Instagram

4. Auflage 2024

ISBN 978-3-446-26055-9
© 2018 Carl Hanser Verlag GmbH & Co. KG, München
Umschlag: Stefanie Schelleis, München, Motiv: Kathrin Schärer
Satz im Verlag
Litho: Fotosatz Amann, Memmingen
Druck und Bindung: TBB, a. s., Banská Bystrica
Printed in Slovak Republic

Franz Hohler, 1943 geboren, zählt zu den großen Schweizer Autoren der Gegenwart. Seine Kinderbücher wurden mehrfach ausgezeichnet, u. a. mit dem Schweizer Jugendbuchpreis und dem Prix Enfantaisie. Bei Hanser erschienen »Der Tanz in dem versunkenen Dorf« (illustriert von Reinhard Michl, 2005), »Wenn ich mir etwas wünschen könnte« (illustriert von Rotraut Susanne Berner, 2000/2008), »Das große Buch« (illustriert von Nikolaus Heidelbach, 2009), »Es war einmal ein Igel« (illustriert von Kathrin Schärer, 2011), und »Die Nacht des Kometen« (ebenfalls mit Bildern von Kathrin Schärer, 2015).

Kathrin Schärer, 1969 in Basel geboren, hat zahlreiche Kinderbücher illustriert. Ihr Bilderbuch »Johanna im Zug« war 2010 für den Deutschen Jugendliteraturpreis nominiert. Für Hanser illustrierte sie »Es war einmal ein Igel« (2011) und »Die Nacht des Kometen« (2015) von Franz Hohler sowie »Das Herz der Puppe« (2012) von Rafik Schami. 2016 folgte Rudyard Kiplings »Der Schmetterling, der mit dem Fuß aufstampfte«.